Impressum
Verlag: BABADADA GmbH, Nedderfeld 112 , 22529 Hamburg
Geschäftsführer / Verlagsleitung: Harald Hof
Druck: Books on Demand GmbH, In de Tarpen 42, 22848 Norderstedt

Imprint
Publisher: BABADADA GmbH, Nedderfeld 112 , 22529 Hamburg, Germany
Managing Director / Publishing direction: Harald Hof
Print: Books on Demand GmbH, In de Tarpen 42, 22848 Norderstedt

בית ספר
学校

כיתה
教室
חילק
割り算
186/2
לוח
黒板
מורה
教師
נייר
紙
כתב
書く
עט
ペン
שולחן עבודה
事務机
סרגל
定規
ספר
本
תלמיד
生徒

ילקוט
ランドセル

קלמר
筆入れ

עיפרון
鉛筆

מחדד
鉛筆削り

גומי מחיקה
消しゴム

חוברת סרטוט
スケッチブック

2

סרטוט
スケッチ

מברשת
絵筆

קופסת צבעים
絵の具箱

מספריים
はさみ

דבק
接着剤

ספר תרגול
練習帳

שיעור בית
宿題

12

מספר
数

2+2

חיבר
足し算

5-2

חיסר
引き算

2×2

הכפיל
かけ算

חישב
計算する

A

אות
文字

ABCDEFG
HIJKLMN
OPQRSTU
VWXYZ

אלפבית
アルファベット

hello

מילה
単語

טקסט

テキスト

קרא

読む

גיר

チョーク

שיעור

授業

יומן נוכחות

学級日誌

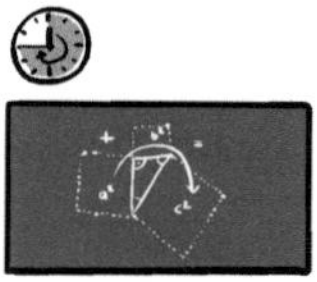

מבחן

試験

תעודה

通知表

תלבושת בית ספר

制服

חינוך

教育

אנציקלופדיה

百科事典

אוניברסיטה

大学

מיקרוסקופ

顕微鏡

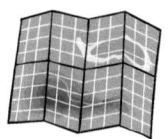

מפה

地図

סל נייר

ごみ箱

מלון
ホテル
הוסטל
ホステル
המרת מטבע
両替所
מזוודה
スーツケース
אוטו
自動車

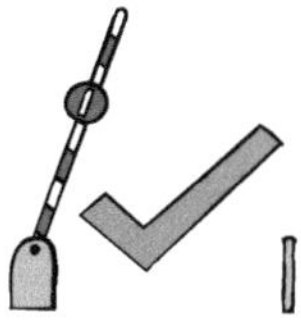

בסדר

問題ない

כן / לא

はい / いいえ

שפה

言語

תודה

ありがとう

מתרגם

翻訳者

שלום

ハロー

כמה עולה.....?

...はいくらですか？

אני לא מבין

わかりません

בעיה

問題

ערב טוב!

こんばんは！

בוקר טוב!

おはようございます！

לילה טוב!

おやすみなさい！

להתראות

さようなら

כיוון

方向

כבודה

手荷物

תיק

バッグ

תרמיל גב

リュックサック

אורח

お客様

חדר

部屋

שק שינה

寝袋

אוהל

テント

מרכז מידע לתיירים

旅行者情報

חוף ים

ビーチ

כרטיס אשראי

クレジットカード

ארוחת בוקר

朝食

ארוחת צהריים

昼食

ארוחת ערב

夕食

כרטיס

チケット

מעלית

エレベーター

בול

スタンプ

גבול

境界

מכס

税関

שגרירות

大使館

אשרה

ビザ

דרכון

パスポート

תחבורה
輸送

מטוס
飛行機
אונייה
船
כבאית
消防車
משאית
トラック
אוטובוס
バス
סירת מנוע
モーターボート
אוטו
自動車
אופניים
自転車

מעבורת

フェリー

סירה

ボート

אופנוע

バイク

ניידת משטרה

パトカー

מכונית מרוץ

レーシングカー

רכב שכור

レンタカー

מכוניות בשיתוף
カーシェアリング

אוטו גרר
レッカー車

משאית זבל
ごみ収集車

מנוע
モーター

דלק
燃料

תחנת דלק
ガソリンスタンド

תמרור
交通標識

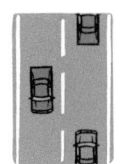

תנועה
交通

פקק תנועה
渋滞

חניה
駐車場

תחנת רכבת
駅

פסי רכבת
道

רכבת
列車

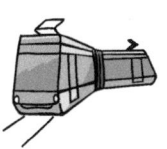

רכבת קלה
路面電車

קרון
車両

מסוק
....
ヘリコプター

שדה-תעופה
....
空港

מגדל
....
タワー

נוסע
....
乗客

קונטיינר
....
コンテナ

קרטון
....
段ボール箱

עגלה
....
カート

סל
....
カゴ

המראה / נחיתה
....
離陸 / 着陸

עיר
都市

כפר
....
村

מרכז העיר
....
都心

בית
....
家

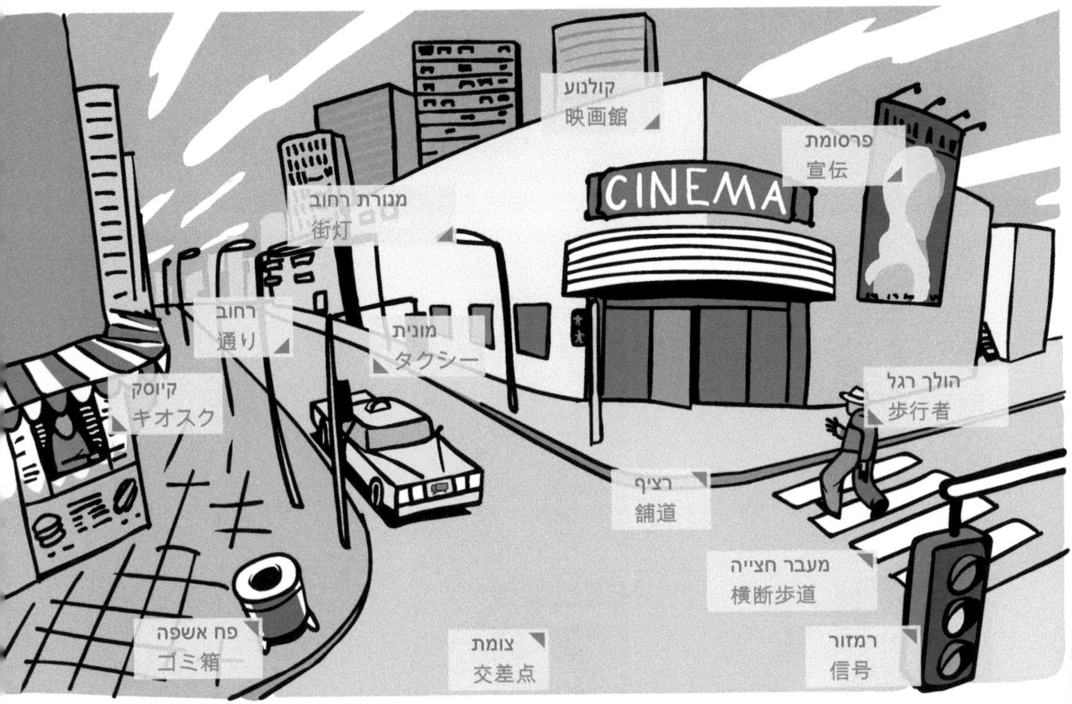
קולנוע
映画館
CINEMA
פרסומת
宣伝
מנורת רחוב
街灯
רחוב
通り
מונית
タクシー
קיוסק
キオスク
הולך רגל
歩行者
רציף
舗道
מעבר חצייה
横断歩道
פח אשפה
ゴミ箱
צומת
交差点
רמזור
信号

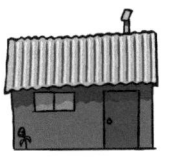

בקתה

小屋

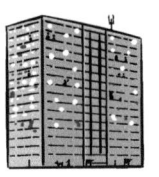

דירה

アパート

תחנת רכבת

駅

עירייה

市役所

MUSEUM

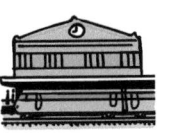

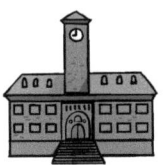

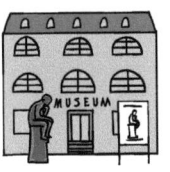

מוזיאון

美術館

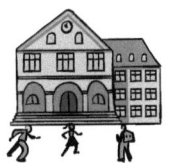

בית ספר

学校

אוניברסיטה

大学

בנק

銀行

בית חולים

病院

מלון

ホテル

בית מרקחת

薬局

משרד

オフィス

חנות ספרים

書店

חנות

ショップ

חנות פרחים

花屋

סופרמרקט

スーパーマーケット

שוק

市場

כל-בו

デパート

מוכר דגים

魚屋

קניון

ショッピングセンター

נמל

港

פארק

公園

ספסל

ベンチ

גשר

橋

מדרגות

階段

רכבת תחתית

地下鉄

מנהרה

トンネル

תחנת אוטובוס

バス停

בר

バー

מסעדה

レストラン

תא דואר

ポスト

שלט רחוב

道路標識

מדחן

パーキングメーター

גן חיות

動物園

בריכת שחיה

スイミングプール

מסגד

モスク

עיר - 都市　　　13

חווה

農場

זיהום

汚染

בית עלמין

墓地

כנסייה

教会

מגרש משחקים

遊び場

בית מקדש

寺

נוף

風景

עלה
葉

תמרור
道標

דרך
道

מרעה
草地

אבן
石

עץ
木

מטייל
ハイカー

נהר
川

דשא
草

פרח
花

בקעה

谷

הר

山

אגם

湖

יער

森

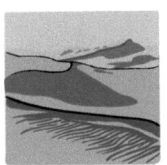

מדבר

砂漠

הר געש

火山

טירה

城

קשת בענן

虹

פטריה

キノコ

דקל

ヤシの木

יתוש

蚊

זבוב

ハエ

נמלה

蟻

דבורה

ミツバチ

עכביש

クモ

חיפושית

カブトムシ

צפרדע

蛙

סנאי

リス

קיפוד

ハリネズミ

ארנב

ウサギ

ינשוף

フクロウ

ציפור

鳥

ברבור

白鳥

חזיר בר

雄豚

צבי

鹿

אייל הקורא

ヘラジカ

סכר

ダム

טורבינת רוח

風力タービン

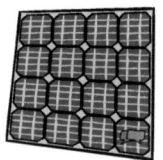

פנל סולארי

ソーラーパネル

אקלים

気候

מסעדה
レストラン

מלצר
ウェイター
תפריט
メニュー
כסא
椅子
מרק
פיצה
ピザ
סכו"ם
刃物類
מפת שולחן
テーブルクロス

מנת פתיחה

前菜

מנה עיקרית

メインコース

קינוח

デザート

שתיות

飲み物

אוכל

食べ物

בקבוק

ボトル

מזון מהיר

ファストフード

אוכל רחוב

屋台の食べ物

קנקן תה

ティーポット

מסכרת

砂糖入れ

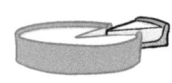

מנה

一人前

מכונת אספרסו

エスプレッソマシン

כסא תינוק

幼児用食事椅子

חשבון

請求書

מגש

トレー

סכין

ナイフ

מזלג

フォーク

כף

スプーン

כפית

ティースプーン

מפית

ナプキン

כוס

グラス

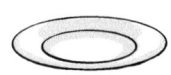

צלחת
皿

קערת מרק
スープ皿

תחתית
受け皿

רוטב
ソース

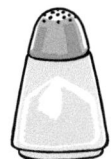

מלחייה
塩入れ

מטחנת פלפל
ペッパーミル

חומץ
酢

שמן
油

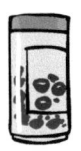

תבלינים
スパイス

קטשופ
ケチャップ

חרדל
マスタード

מיונז
マヨネーズ

סופרמרקט

スーパーマーケット

מבצע
特価品
FOR
לקוח
顧客
מוצרי חלב
乳製品
פירות
果物
עגלת קניות
ショッピング・カート

אטליז

肉屋

מאפייה

パン屋

שקל

重さをはかる

ירקות

野菜

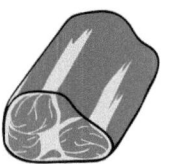

בשר

肉

מזון קפוא

冷凍食品

אבקת כביסה

洗剤

שימורים

缶詰食品

בשר קר

冷肉の薄切り

חומר ניקוי

清掃用品

מוצרי בית

家庭用品

ממתקים

菓子

קופאי

レジ係

קופה

現金箱

מוכרת

販売員

ארנק

財布

שעות פתיחה

開館時刻

רשימת קניות

買い物リスト

שקית נילון

ポリ袋

תיק

バッグ

כרטיס אשראי

クレジットカード

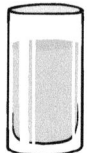

שתיות
飲み物

מים

水

מיץ

ジュース

חלב

牛乳

קולה

コーラ

יין

ワイン

בירה

ビール

אלכוהול

アルコール

קקאו

ココア

תה

紅茶

קפה

コーヒー

אספרסו

エスプレッソ

קפוצ'ינו

カプチーノ

אוכל
食べ物

תפוז
オレンジ

תפוח
リンゴ

בננה
バナナ

גזר
ニンジン

לימון
レモン

אבטיח
メロン

בצל
玉ねぎ

במבוק
竹

שום
ニンニク

אטריות
ヌードル

אגוזים
ナッツ

פטריות
キノコ

ספגטי
スパゲッティ

אורז
米

סלט
サラダ

צ'יפס
フライドポテト

צ'יפס
フライドポテト

פיצה
ピザ

המבורגר
ハンバーガー

כריך
サンドウィッチ

שניצל
カツレツ

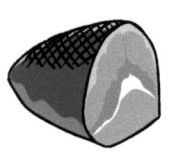

שינקין
ハム

סלאמי
サラミ

נקניקיה
ソーセージ

עוף
鶏肉

טיגון
焼き

דג
魚

שיבולת שועל

麦のお粥

מוזלי

ムーズリ

קורנפלקס

コーンフレーク

קמח

小麦粉

קרואסון

クロワッサン

לחמנייה

ロールパン

לחם

パン

טוסט

トースト

עוגיות

ビスケット

חמאה

バター

גבינה לבנה

カッテージチーズ

עוגה

ケーキ

ביצה

卵

ביצת עין

目玉焼き

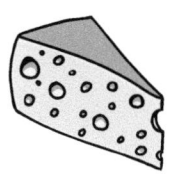

גבינה

チーズ

גלידה

アイスクリーム

סוכר

砂糖

דבש

はちみつ

ריבה

ジャム

ממרח נוגט

ヌガークリーム

קארי

カレー

חווה
農場

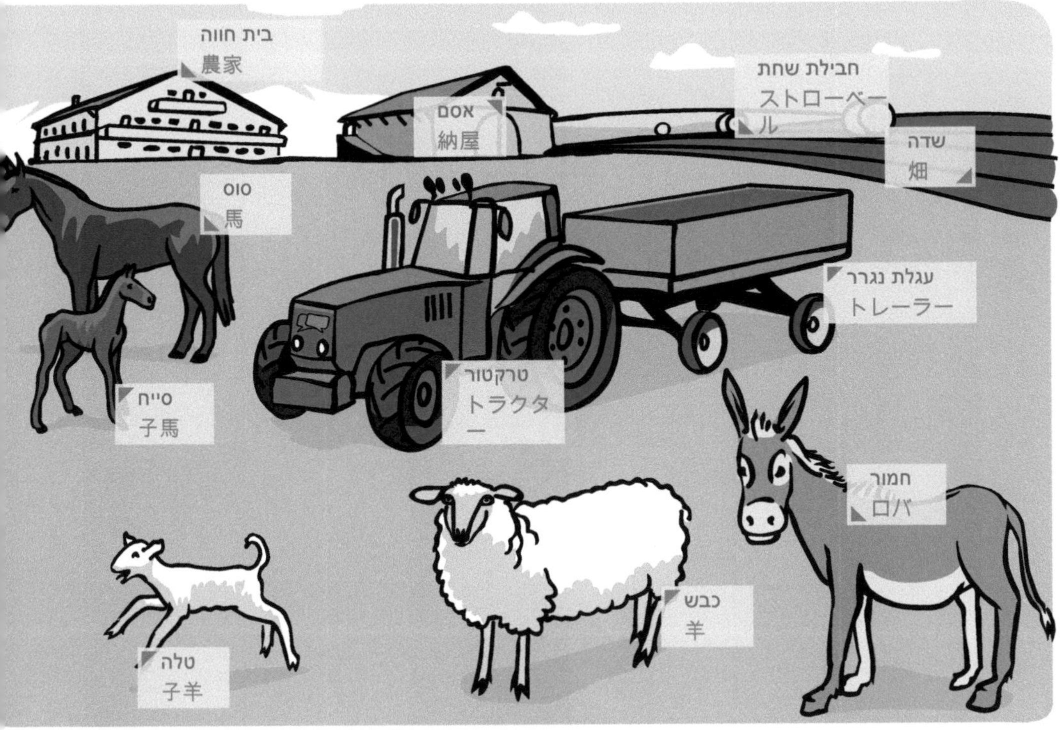
בית חווה
農家
אסם
納屋
חבילת שחת
ストローベール
שדה
畑
סוס
馬
עגלת נגרר
トレーラー
טרקטור
トラクター
סייח
子馬
חמור
ロバ
כבש
羊
טלה
子羊

עז
ヤギ

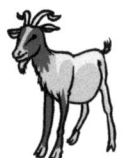

פרה
雌牛

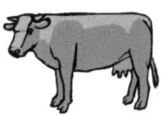

עגל
子牛

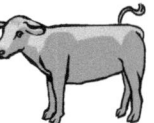

חזיר
豚

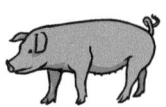

חזרזיר
子豚

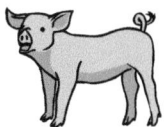

שור
雄牛

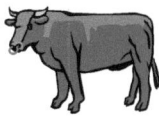

אווז

ガチョウ

ברווז

アヒル

אפרוח

ひよこ

תרנגולת

にわとり

תרנגול

おんどり

חולדה

ネズミ

חתול

猫

עכבר

ねずみ

שור

雄牛

כלב

犬

מלונה

犬小屋

צינור השקיה

散水ホース

קנקן מים

じょうろ

חרמש

大鎌

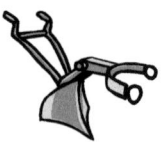

מחרשה

すき

מגל
草刈り鎌

מגרפה
くわ

קלשון
堆肥用フォーク

גרזן
斧

מריצה
手押し車

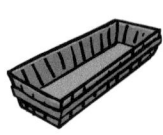

שוקת
かいばおけ

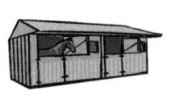

כד חלב
牛乳缶

שק
袋

גדר
フェンス

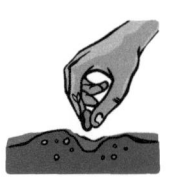

אורווה
畜舎

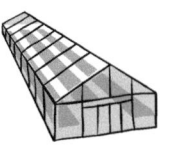

חממה
温室

אדמה
土壌

זרע
種

דשן
肥料

מקצרה
コンバイン

קצר

収穫する

קציר

収穫

בטטה אפריקנית

ヤマイモ

חיטה

小麦

סויה

大豆

תפוח אדמה

じゃがいも

תירס

トウモロコシ

קנולה

菜種

עץ פירות

果樹

קסבה

キャッサバ

דגנים

穀物

בית
家

ארובה
煙突
גג
屋根
מרזב
排水管
חלון
窓
מוסך
車庫
פעמון
呼び鈴
דלת
ドア
פח אשפה
ゴミ箱
תיבת מכתבים
郵便受け
גינה
庭

סלון

リビングルーム

חדר אמבטיה

浴室

מטבח

台所

חדר שינה

寝室

חדר ילדים

子供部屋

חדר אוכל

ダイニング・ルーム

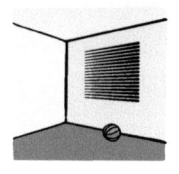

רצפה
床

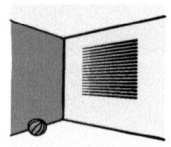

קיר
壁

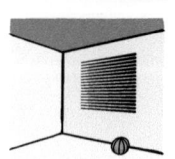

תקרה
天井

מרתף
地下貯蔵庫

סאונה
サウナ

מרפסת
バルコニー

מרפסת
テラス

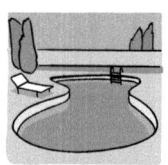

בריכה
プール

מכסחת דשא
芝刈り機

סדין
シーツ

כיסוי מיטה
ベッドカバー

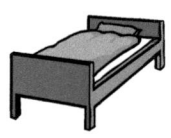

מיטה
ベッド

מטאטא
ほうき

דלי
バケツ

מפסק
スイッチ

סלון

リビングルーム

טפט
壁紙
תמונה
絵
מנורה
מדף
棚
ארון
食器棚
טלוויזיה
テレビ
אח
暖炉
פרח
花
כרית
クッション
ספה
ソファ
אגרטל
花瓶
שלט רחוק
リモコン

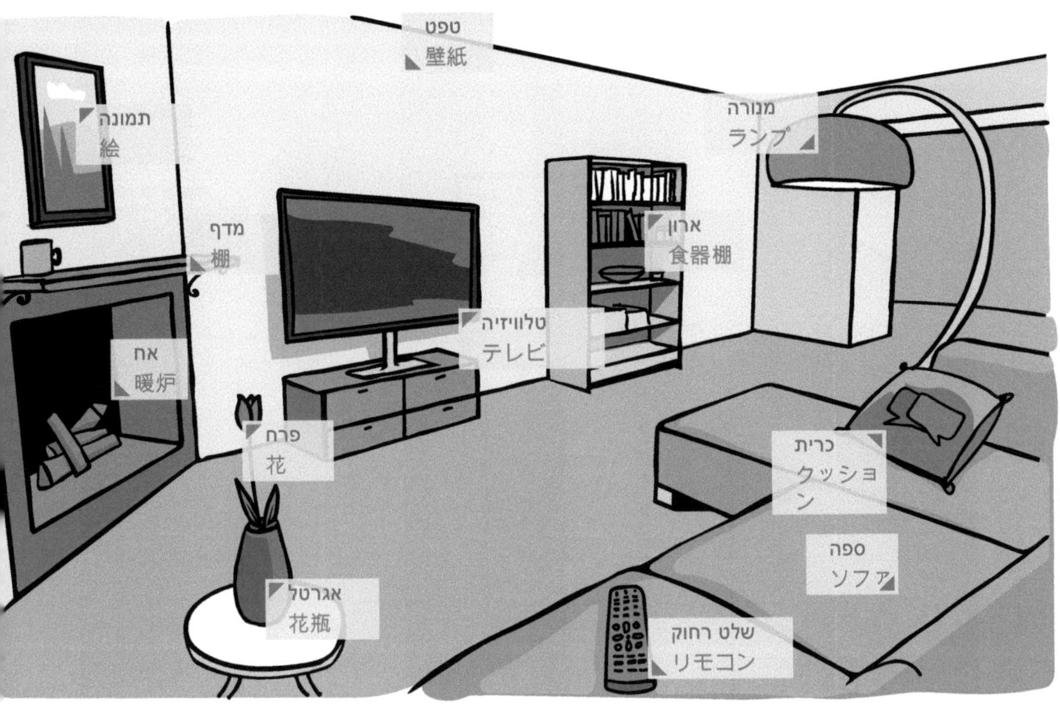

שטיח

カーペット

וילון

カーテン

שולחן

テーブル

כסא

椅子

כיסא נדנדה

ロッキングチェア

כורסה

ひじ掛け椅子

ספר

本

שמיכה

毛布

דקורציה

飾り

עצי הסקה

たきぎ

סרט

映画

מערכת סטריאו

ステレオ

מפתח

鍵

עיתון

新聞

ציור

絵画

פוסטר

ポスター

רדיו

ラジオ

מחברת

メモ帳

שואב אבק

掃除機

קקטוס

サボテン

נר

ろうそく

מטבח
台所

מקרר
冷蔵庫
מיקרוגל
電子レンジ
調理用はかり
טוסטר
トースター
חומר ניקוי
洗剤
תנור
オーブン
מקפיא
冷凍室
פח אשפה
ゴミ箱
מדיח כלים
食器洗い機

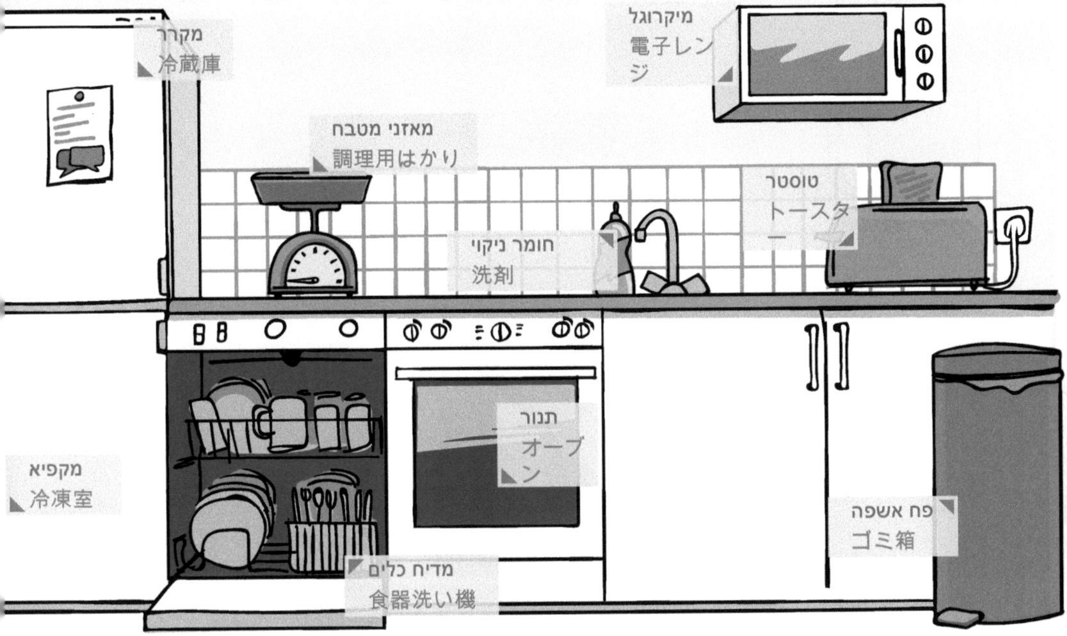

תנור

こんろ

סיר

鍋

סיר ברזל

鉄鍋

ווק

中華鍋/ カダイ鍋

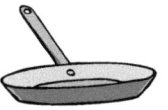

מחבת

フライパン

קומקום חשמלי

やかん

מאדה

蒸し器

מגש אפייה

天板

כלי אוכל

食器

ספל

マグカップ

קערה

ボウル

צ'ופסטיקס

箸

מצקת

おたま

מרית

へら

מטרפה

泡立て器

מסננת בישול

こし器

מסננת

ふるい

מגרדת

すりおろし器

מכתש

すり鉢

גריל

バーベキュー

מדורה

かまど

קרש חיתוך

まな板

מערוך

麺棒

פותחן פקקים

栓抜き

פחית

缶

פותחן קופסאות

缶切り

מטלית

鍋つかみ

כיור

流し

מברשת

ブラシ

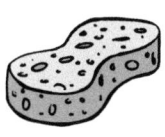

ספוג

スポンジ

בלנדר

ミキサー

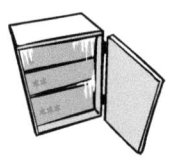

מקפיא

冷凍庫

בקבוק לתינוק

哺乳瓶

ברז

蛇口

חדר אמבטיה

浴室

חימום
ヒーター
מקלחת
シャワー
מגבת
タオル
וילון מקלחת
シャワーカーテン
אמבטיית קצף
泡風呂
אמבטיה
כוס
グラス
מכונת כביסה
洗濯機
ברז
蛇口
אריחים
タイル
סיר לילה
おまる
כיור
流し

אסלה

トイレ

אסלת כריעה

和式トイレ

בידה

ビデ

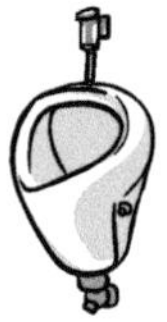

משתנה

小便器

נייר טואלט

トイレットペーパー

מברשת אסלה

トイレブラシ

מברשת שיניים
歯ブラシ

משחת שיניים
歯みがき

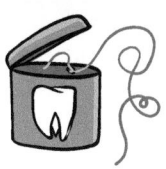

חוט דנטלי
デンタルフロス

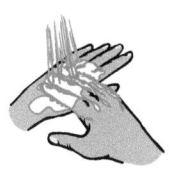

שטף
洗う

מקלחת יד
シャワーヘッド

צינור שטיפה לשירותים
ハンドビデ

קערת רחצה
洗面台

מברשת גב
ボディブラシ

סבון
石鹸

ג'ל רחצה
シャワー用ジェル

שמפו
シャンプー

ליפה
浴用タオル

ניקוז
排水口

קרם
クリーム

דיאודורנט
消臭

מראה

鏡

מראת יד

手鏡

סכין גילוח

かみそり

קצף גילוח

シェービング・フォーム

אפטרשייב

アフターシェーブローショ
ン

מסרק

櫛

מברשת

ブラシ

מייבש שיער

ドライヤー

ספריי לשיער

ヘアスプレー

איפור

化粧

שפתון

口紅

לק

マニキュア

צמר גפן

脱脂綿

מספריים לציפורניים

爪切り

בושם

香水

תיק כלי רחצה

洗面用具入れ

שרפרף

スツール

משקל

体重計

חלוק רחצה

バスローブ

כפפות גומי

ゴム手袋

טמפון

タンポン

תחבושת סניטרית

生理用ナプキン

שירותים כימיקליים

ケミカルトイレ

חדר ילדים
子供部屋

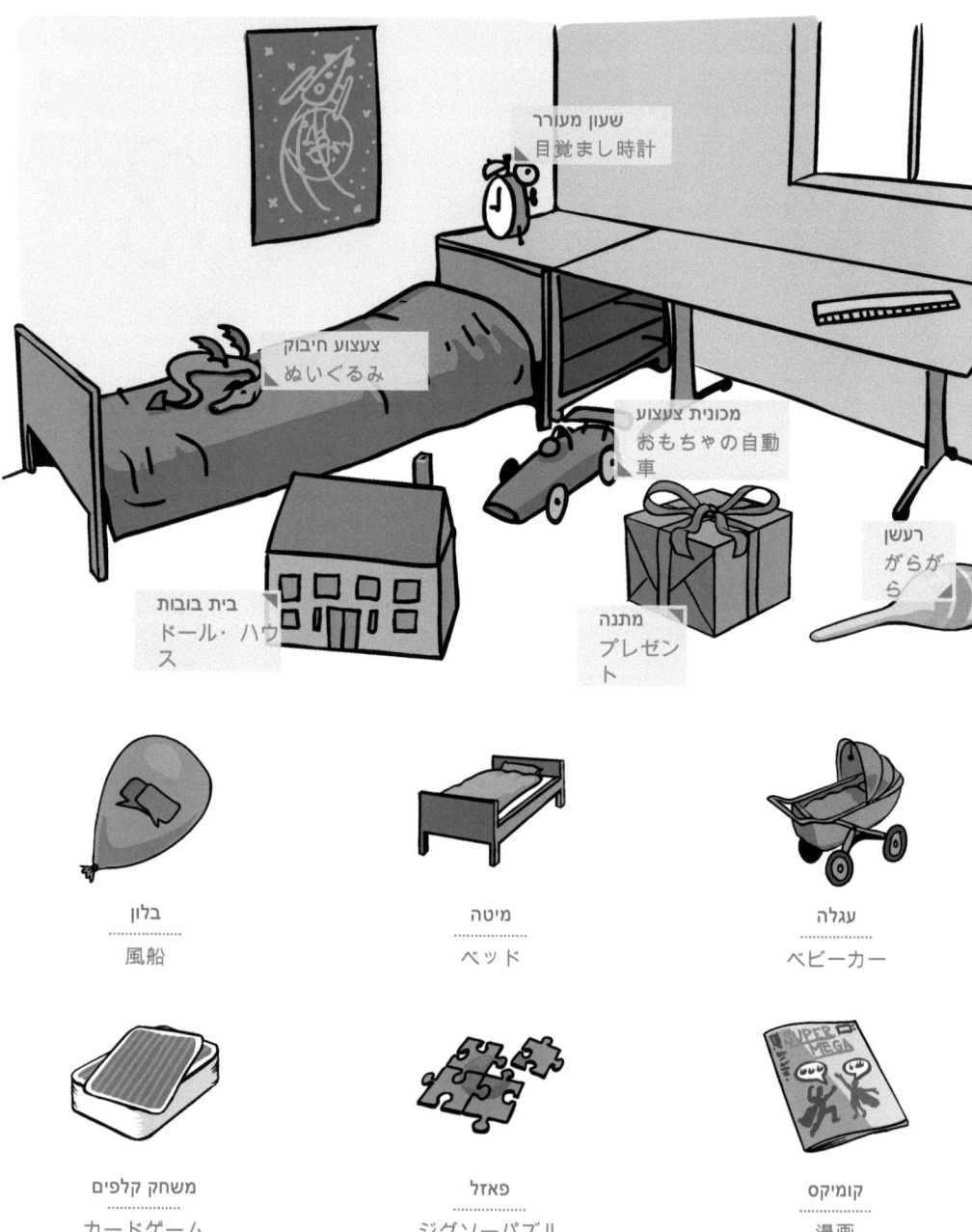

שעון מעורר
目覚まし時計

צעצוע חיבוק
ぬいぐるみ

מכונית צעצוע
おもちゃの自動車

בית בובות
ドール・ハウス

מתנה
プレゼント

רעשן
がらがら

בלון	מיטה	עגלה
風船	ベッド	ベビーカー

משחק קלפים	פאזל	קומיקס
カードゲーム	ジグソーパズル	漫画

לגו
レゴ

קוביות משחק
玩具ブロック

דמות משחק
アクションフィギュア

סרבל תינוקות
ロンパース

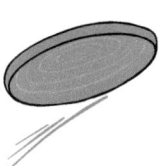

פריזבי
フリスビー

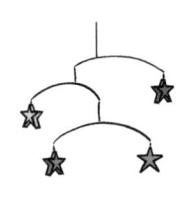

נייד
モバイル

משחק לוח
ボードゲーム

קוביה
さいころ

רכבת צעצוע
鉄道模型

מוצץ
おしゃぶり

מסיבה
パーティー

אלבום תמונות
絵本

כדור
ボール

בובה
人形

שיחק
遊ぶ

ארגז חול

砂場

נדנדה

ブランコ

צעצועים

おもちゃ

קונסולת משחקים

ゲーム機

אופניים תלת גלגלי

三輪車

דובון

テディベア

ארון בגדים

衣装ダンス

בגדים

衣服

גרביים

靴下

גרביונים

ストッキング

גרביון

タイツ

צעיף
スカーフ

מטריה
雨傘

חולצת טי
Tシャツ

חגורה
ベルト

מגפיים
ブーツ

נעלי בית
スリッパ

נעלי ספורט
スニーカー

סנדלים

サンダル

נעליים

靴

מגפי גומי

ゴム長靴

תחתונים

パンツ

חזייה

ブラ

וסט

ベスト

גוף
ボディースーツ

מכנסיים
ズボン

ג'ינס
ジーンズ

חצאית
スカート

חולצה מכופתרת
ブラウス

חולצה
シャツ

אפודה
セーター

סווצ'ר עם קפוצ'ון
パーカー

בלייזר
ブレザー

ז'קט
ジャケット

מעיל
コート

מעיל גשם
レインコート

תלבושת
服装

שמלה
ドレス

שמלת כלה
ウェディングドレス

חליפה

スーツ

כותונת לילה

ナイトガウン

פיג'מה

パジャマ

סארי

サリー

מטפחת ראש

ヘッドスカーフ

טורבן

ターバン

בורקה

ブルカ

קאפטן

カフタン

עבאיה

アバヤ

בגד ים

水着

בגד ים

トランクス

מכנסיים קצרים

半ズボン

בגד אימון

スウェットスーツ

סינר

エプロン

כפפות

手袋

כפתור
ボタン

משקפיים
メガネ

צמיד יד
ブレスレット

שרשרת
ネックレス

טבעת
指輪

עגיל
イヤリング

כובע
帽子

קולב
ハンガー

כובע
帽子

עניבה
ネクタイ

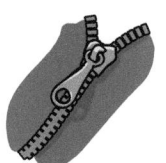

רוכסן
ファスナー

קסדה
ヘルメット

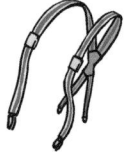

כתפיות
サスペンダー

תלבושת בית ספר
制服

מדים
ユニフォーム

מפית אוכל
よだれかけ

מוצץ
おしゃぶり

חיתול
おむつ

משרד
オフィス

שרת
サーバ

תיקייה
書類キャビ
ネット

מדפסת
プリンタ
ー

נייר
紙

מסך
モニタ
ー

עכבר
マウス

שולחן עבודה
事務机

תיק
フォルダ
ー

מקלדת
キーボー
ド

כסא
椅子

סל נייר
ごみ箱

מחשב
コンピュ
ーター

ספל קפה
コーヒーマグ

מחשבון
計算機

אינטרנט
インターネット

מחשב נייד

ラップトップ

מכתב

手紙

הודעה

メッセージ

נייד

携帯電話

רשת

ネットワーク

מכונת צילום

コピー機

תוכנה

ソフトウェア

טלפון

電話

שקע

コンセント

פקס

ファックス

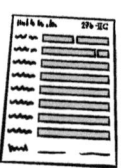

טופס

フォーム

מסמך

書類

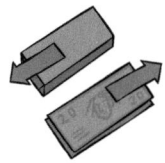

כלכלה
経済

סחר

取引する

שילם

支払う

קנה

買う

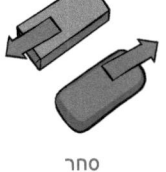

יורו

ユーロ

דולר

ドル

כסף

お金

פרנק שווייצרי

スイスフラン

רובל

ルーブル

ין

円

כספומט

キャッシュポイント

רופי

ルピー

יואן רנמינבי

人民元

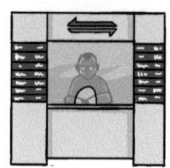

המרת מטבע

両替所

זהב

金

כסף

銀

נפט

油

אנרגיה

エネルギー

מחיר

価格

חוזה

契約

מס

税金

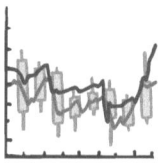

מנייה

株

עבד

働く

עובד

従業員

מעסיק

雇用主

מפעל

工場

חנות

ショップ

מקצועות
職業

שוטר
警察官
כבאי
消防士
טבח
コック
רופא
医師
טייס
パイロット

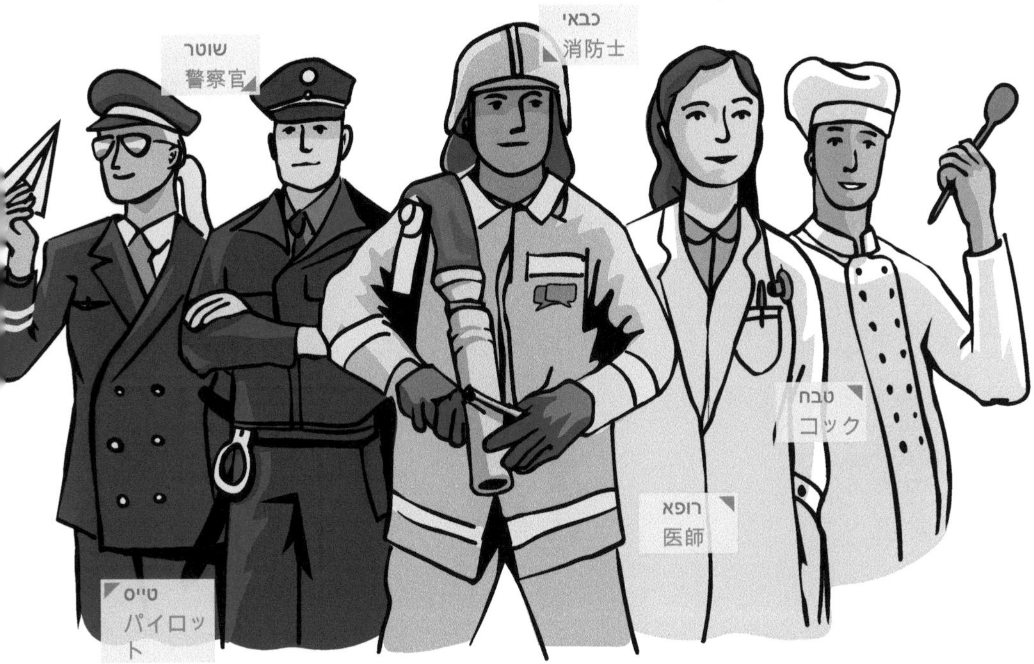

גנן
庭師

נגר
大工

תופרת
お針子

שופט
裁判官

כימאי
化学者

שחקן
俳優

דייג

漁師

נהג מונית

タクシー運転手

נהג אוטובוס

バスの運転手

מלצר

ウェイター

מתקן גגות

屋根ふき職人

עובדת נקיון

掃除婦

אופה

パン屋

צייר

塗装工

צייד

ハンター

מהנדס

エンジニア

עובד בניין

建設作業員

חשמלאי

電気工

דוור

郵便配達人

אינסטלטור

配管工

קצב

肉屋

חייל

軍人

אדריכל

建築家

קופאי

レジ係

מוכר פרחים

花屋

ספר

美容師

כרטיסן

車掌

מכונאי

機械工

קברניט

キャプテン

רופא שיניים

歯科医

מדען

科学者

רב

ラビ

אימאם

イスラム導師

נזיר

修道士

כומר

牧師

כלי עבודה
道具

פטיש
ハンマー
מברג
ドライバー
מפתח ברגים
スパナ
צבת
くぎ抜き
פנס
懐中電灯

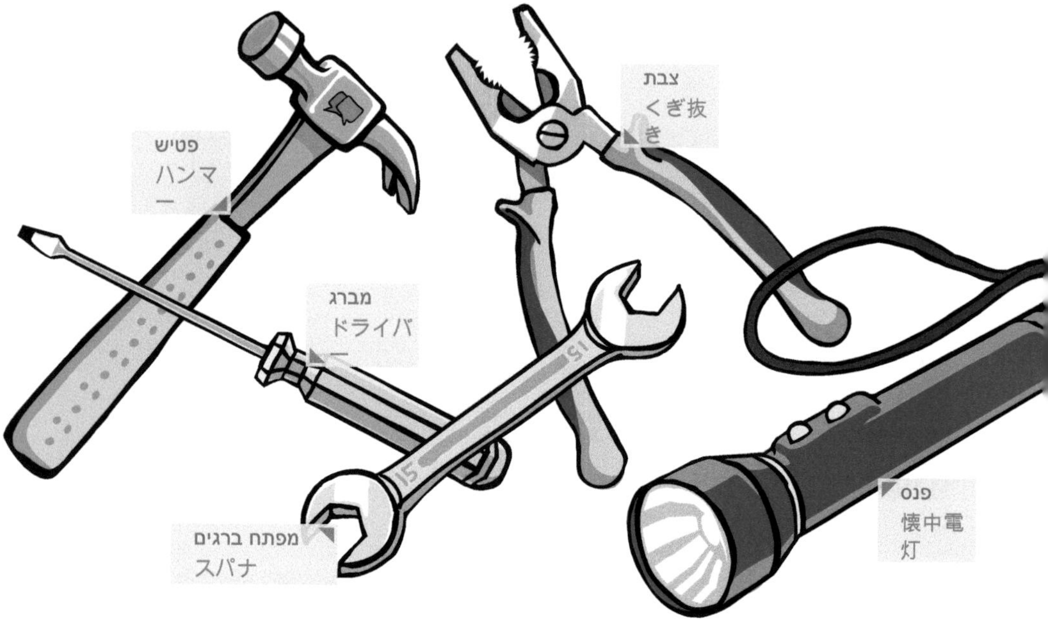

דחפור

掘削機

ארגז כלים

道具箱

סולם

はしご

מסור

のこぎり

מסמרים

釘

מקדחה

ドリル

לעזאזל!

クソ！

את חפירה

シャベル

תיקן

修理する

ברגים

ネジ

פח צבע

ペンキ缶

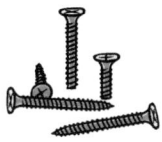

יעה

ちりとり

כלי נגינה

楽器

רמקול
スピーカー
מערכת תופים
打楽器
גיטרה
ギター
חצוצרה
トランペット
קונטראבס
コントラバス

פסנתר

ピアノ

כינור

バイオリン

בס

バス

תוף הדוד

ティンパニ

תופים

ドラム

מקלדת פסנתר

キーボード

סקסופון

サックス

חליל

フルート

מיקרופון

マイクロフォン

גן חיות
動物園

כניסה
入口
נמר
虎
כלוב
おり
זברה
シマウマ
מזון לחיות
飼料
פנדה
パンダ

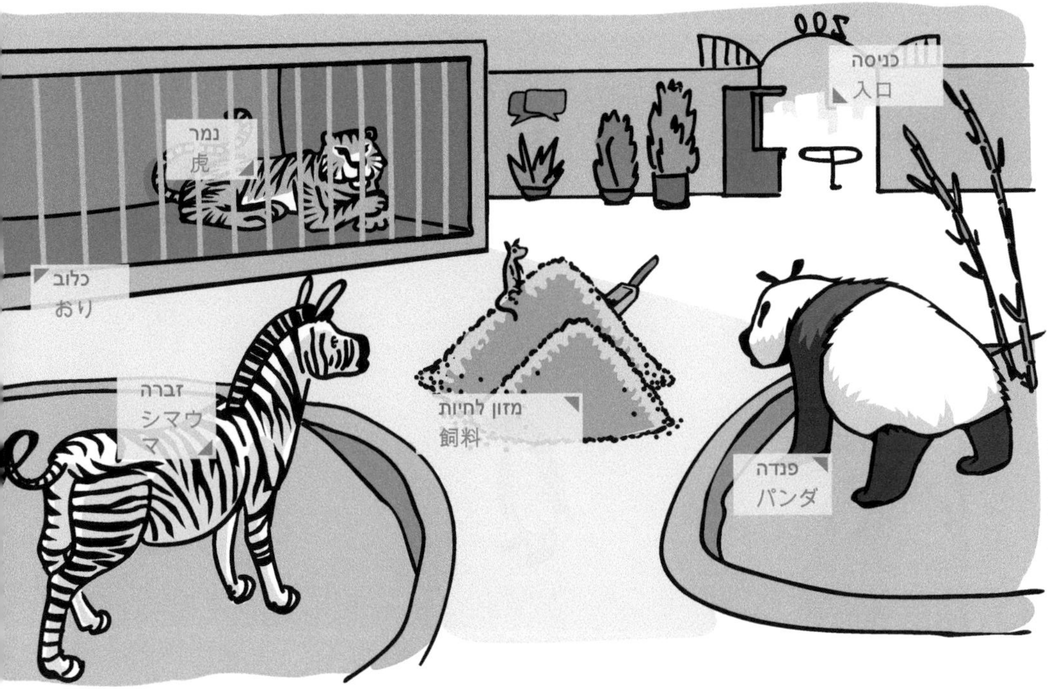

קנגרו
カンガルー

פיל
象

בעלי חיים
動物

דוב
熊

גורילה
ゴリラ

קרנף
サイ

גמל

ラクダ

יען

ダチョウ

אריה

ライオン

קוף

猿

פלמינגו

フラミンゴ

תוכי

オウム

דוב הקרח

白クマ

פינגווין

ペンギン

כריש

サメ

טווס

クジャク

נחש

蛇

תנין

ワニ

שומר גן החיות

飼育係

כלב ים

アザラシ

יגואר

ジャガー

סוס פוני

ポニー

לאופרד

ヒョウ

היפופוטאם

カバ

ג'ירפה

キリン

נשר

鷲

חזיר בר

雄豚

דג

魚

צב

亀

סוס ים

セイウチ

שועל

狐

איילה

ガゼル

פוטבול אמריקאי
アメフト

רכיבת אופניים
サイクリング

טניס
テニス

כדורסל
バスケット
ボール

שחיה
水泳

אגרוף
ボクシン
グ

הוקי
アイスホ
ッケー

כדורגל
サッカー

בדמינטון
バドミントン

אתלטיקה
陸上競技

כדור-יד
ハンドボール

עשה סקי
スキー

פולו
ポロ

פעילויות
活動

קפץ
跳ぶ
שר
歌う
חיבק
抱きしめる
צחק
笑う
הלך
歩く
חלם
夢見る
התפלל
祈る
נשק
キス

כתב

書く

צייר

描く

הראה

示す

דחף

押す

נתן

与える

לקח

取る

יש / להיות הבעלים

持っている

עשה

する

היה

ある

עמד

立つ

רץ

走る

משך

引く

זרק

投げる

נפל

落ちる

שכב

横たわっている

חיכה

待つ

סחב

運ぶ

ישב

座る

התלבש

着る

ישן

眠る

התעורר

目が覚める

הסתכל ב-

見る

בכה

泣く

ליטף

なでる

סירק

櫛ですく

דיבר

話す

הבין

理解する

שאל

質問する

שמע

聞く

שתה

飲む

אכל

食べる

סידר

片づける

אהב

愛する

בישל

料理する

נהג

運転する

עף

飛ぶ

שט

ヨットに乗る

חישב

計算する

קרא

読む

למד

学ぶ

עבד

働く

התחתן

結婚する

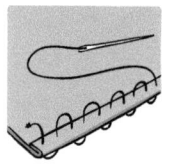

תפר

縫う

ציחצח שיניים

歯を磨く

הרג

殺す

עישן

喫煙する

שלח

送る

משפחה

家族

סבתא
祖母
סבא
祖父
אבא
父
אימא
母
תינוק
赤ん坊
בת
娘
בן
息子

אורח

お客様

דודה

おば

דוד

おじ

אח

兄弟

אחות

姉妹

גוף
体

מצח
ひたい
עין
目
כתף
肩
אצבע
指
פנים
顔
סנטר
あご
כף יד
手
חזה
胸
רגל
脚
זרוע
腕

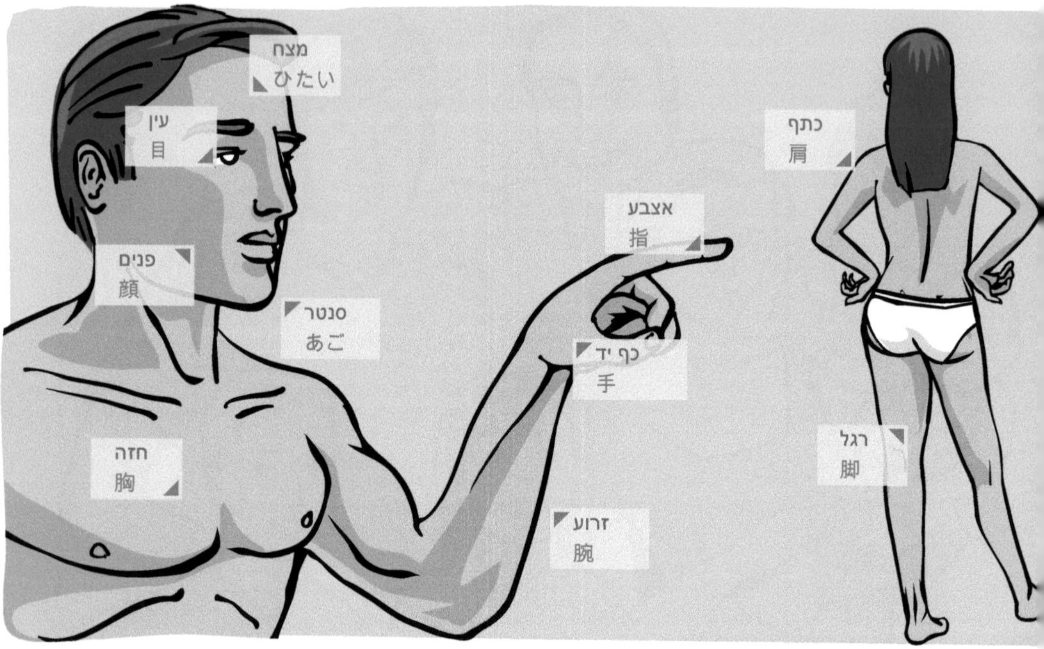

תינוק
赤ん坊

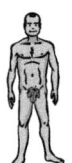

איש
男性

אישה
女性

ילדה
少女

ילד
少年

ראש
頭

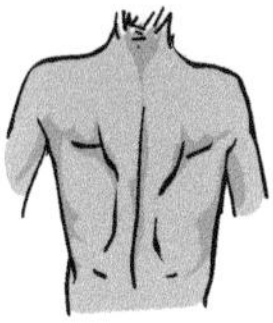

גב 背中	בטן 腹	טבור へそ
אצבע 足指	עקב かかと	עצם 骨
ירך 腰	ברך ひざ	מרפק ひじ
אף 鼻	עכוז 尻	עור 皮膚
לחי 頬	אוזן 耳	שפתיים 唇

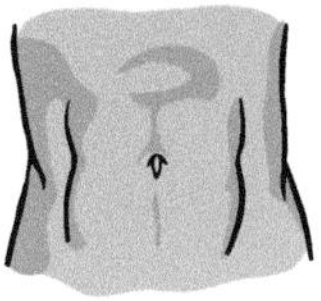

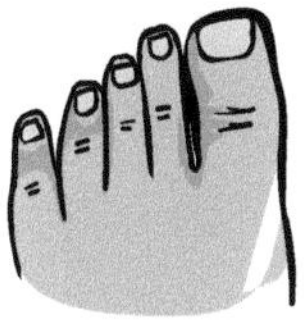

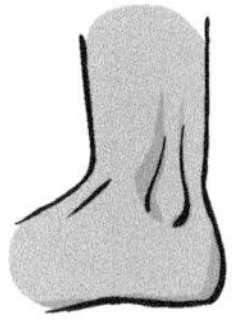

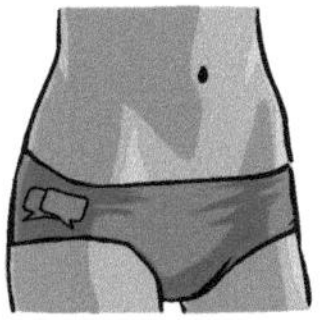

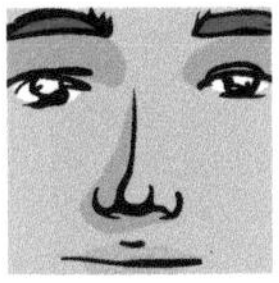

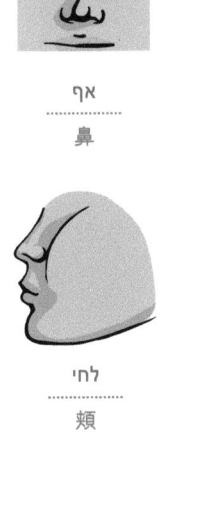
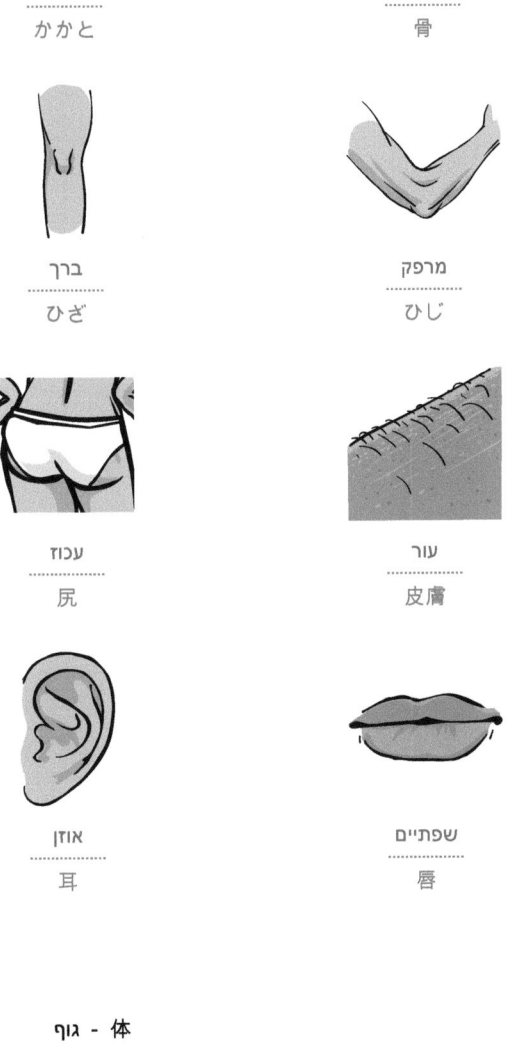

פה

口

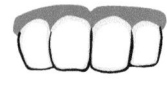

שן

歯

לשון

舌

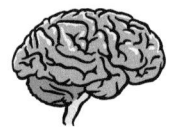

מוח

脳

לב

心臓

שריר

筋肉

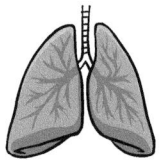

ריאה

肺

כבד

肝臓

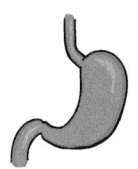

קיבה

胃

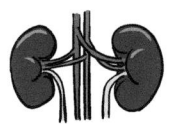

כליות

腎臓

מין

セックス

קונדום

コンドーム

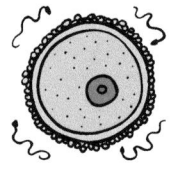

ביצית

卵細胞

זרע

精液

הריון

妊娠

70

גוף - 体

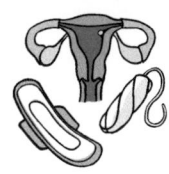

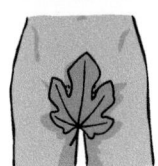

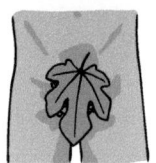

פין

ペニス

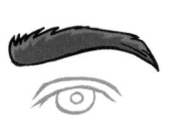

נרתיק

膣

ווסת

月経

צוואר

首

שיער

髪

גבה

眉

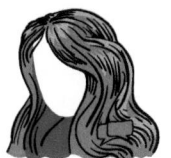

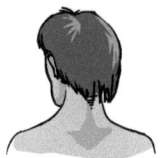

בית חולים
病院

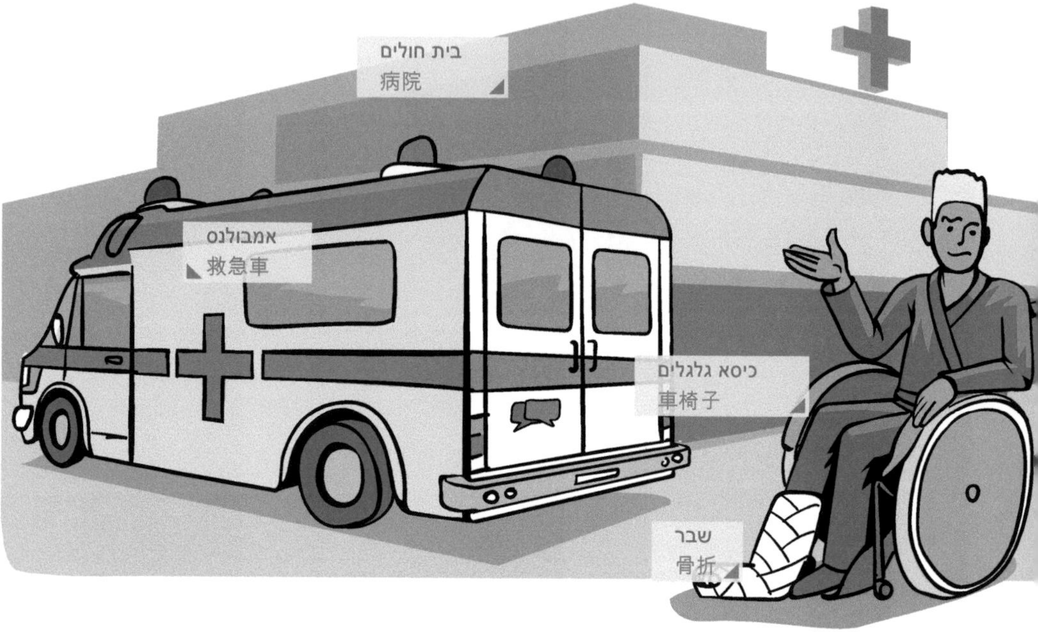

בית חולים
病院
אמבולנס
救急車
כיסא גלגלים
車椅子
שבר
骨折

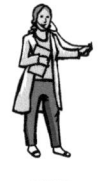

רופא

医師

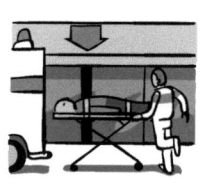

חדר מיון

救急治療室

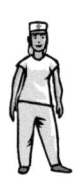

אחות

看護師

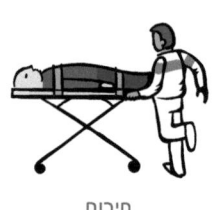

חירום

救急

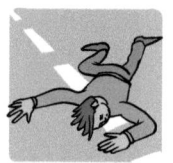

חסר הכרה

失神

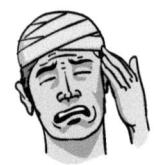

כאב

痛み

פציעה
けが

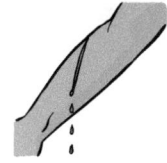

דימום
出血

התקף לב
心臓発作

שבץ
脳卒中

אלרגיה
アレルギー

שיעול
咳

חום
熱

שפעת
インフルエンザ

שלשול
下痢

כאב ראש
頭痛

סרטן
癌

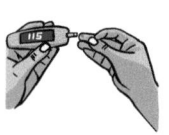

סוכרת
糖尿病

מנתח
外科医

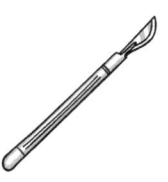

אזמל
外科用メス

ניתוח
手術

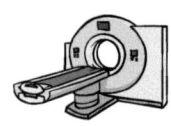

אולטרסאונד

超音波

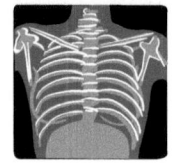

רנטגן

レントゲン

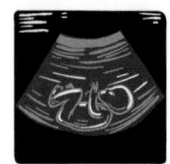

סי-טי

CT

חדר המתנה

待合室

מחלה

病気

מסיכת פנים

マスク

תחבושת

包帯

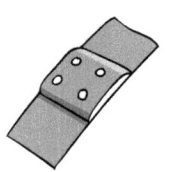

פלסטר

ばんそうこう

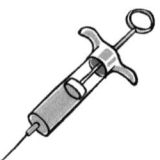

קבה

松葉づえ

אלונקה

担架

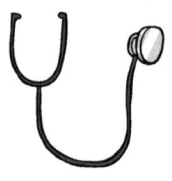

סטטוסקופ

聴診器

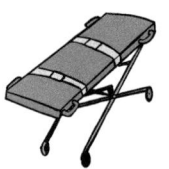

זריקה

注射

עודף משקל

肥満

לידה

出産

מד חום

体温計

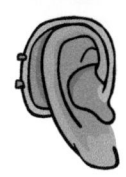

מכשיר שמיעה

補聴器

מחטא

消毒剤

זיהום

感染

נגיף

ウイルス

איידס

HIV / エイズ

תרופה

内服薬

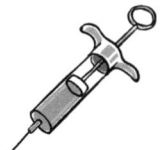

חיסון

予防接種

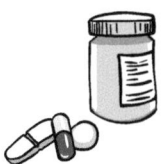

טבליות

錠剤

גלולה

ピル

קריאת חירום

緊急電話

מד לחץ דם

血圧計

חולה / בריא

病気の / 健康な

פשיטה

暴行

אזעקה

アラーム

הצילו!

助けて！

יציאת חירום

非常口

סכנה

危険

תקיפה

攻撃

תאונה

事故

מטף כיבוי

消火器

אש!

火事だ！

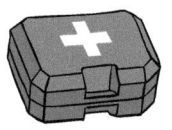

משטרה

警察

הצילו!

SOS

ערכת עזרה ראשונה

救急箱

כדור הארץ

地球

דרום אמריקה

南米

צפון אמריקה

北米

אירופה

ヨーロッパ

אוסטרליה

オーストラリア

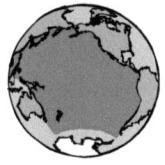

אסיה

アジア

אפריקה

アフリカ

האוקיינוס ההודי

インド洋

האוקיינוס השקט

太平洋

האוקיינוס האטלנטי

大西洋

הקוטב הצפוני

北極

האוקיינוס הארקטי

北極海

האוקיינוס האנטרקטי

南極海

הקוטב הדרומי

南極

אנטארקטיקה

南極大陸

כדור הארץ

地球

אדמה

陸

ים

海

אי

島

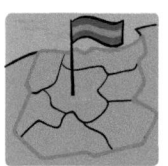

לאום

国家

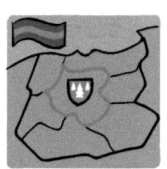

מדינה

国家

פני השעון

文字盤

מחוג השעות

短針

מחוג הדקות

長針

מחוג השניות

秒針

מה השעה?

何時ですか？

יום

日

זמן

時間

עכשיו

現在

שעון דיגיטלי

デジタル時計

דקה

分

שעה

時間

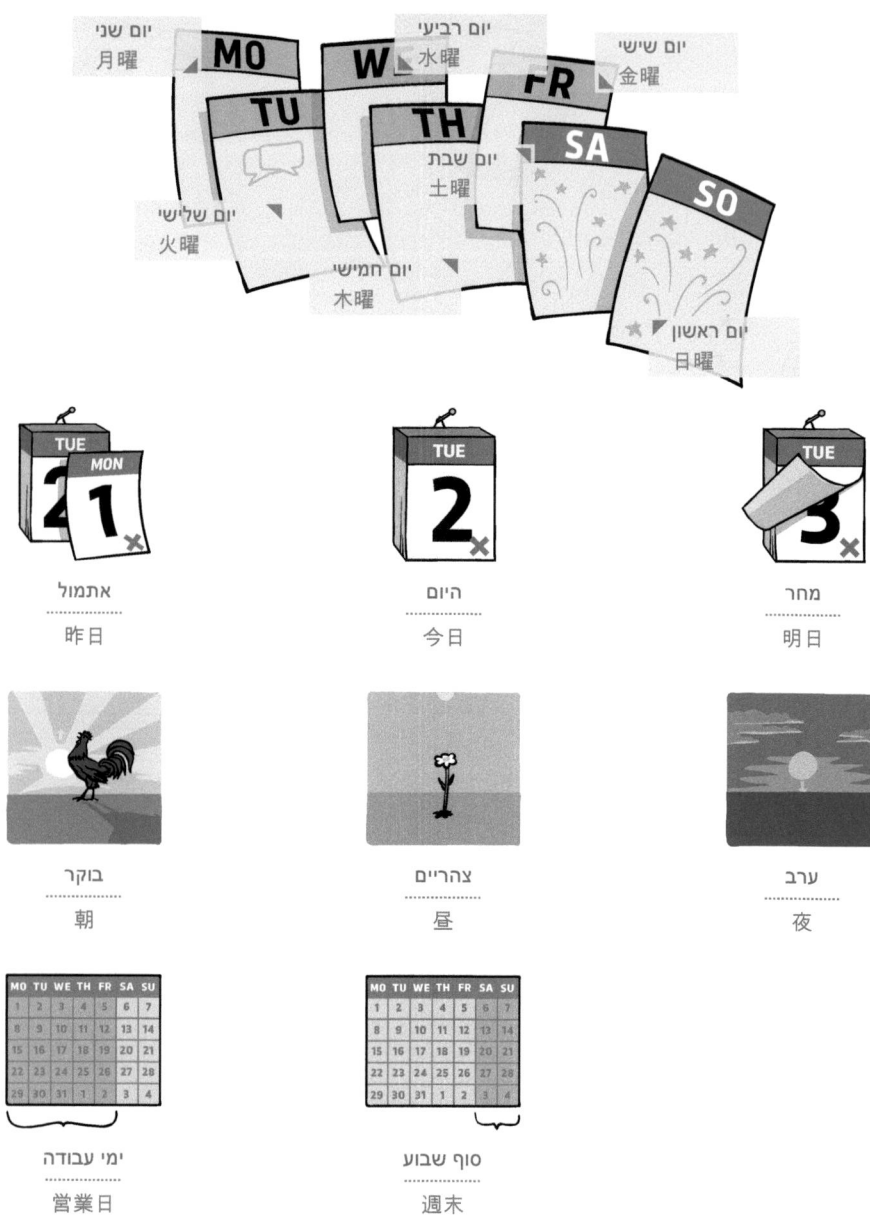

שבוע

週

יום שני
月曜
MO
יום שלישי
火曜
TU
יום רביעי
水曜
W
יום חמישי
木曜
TH
יום שישי
金曜
FR
יום שבת
土曜
SA
יום ראשון
日曜
SO

אתמול

昨日

היום

今日

מחר

明日

בוקר

朝

צהריים

昼

ערב

夜

ימי עבודה

営業日

סוף שבוע

週末

קשת בענן
虹

גשם
雨

אביב
春

קיץ
夏

רוח
風

סתיו
秋

שלג
雪

חורף
冬

תחזית מזג האוויר

天気予報

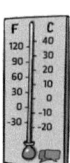

מד חום

温度計

אור שמש

日差し

ענן

雲

ערפל

霧

לחות

湿度

ברק

雷

רעם

雷

סערה

嵐

ברד

ひょう

רוח עונתי

季節風

שיטפון

洪水

קרח

氷

ינואר

1月

פברואר

2月

מרץ

3月

אפריל

4月

מאי

5月

יוני

6月

יולי

7月

אוגוסט

8月

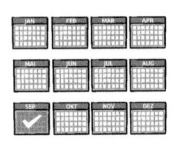

ספטמבר

9月

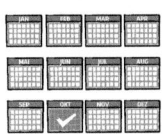

אוקטובר

10月

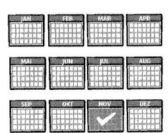

נובמבר

11月

דצמבר

12月

צורות

形

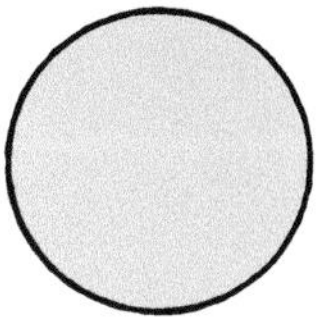

עיגול

円

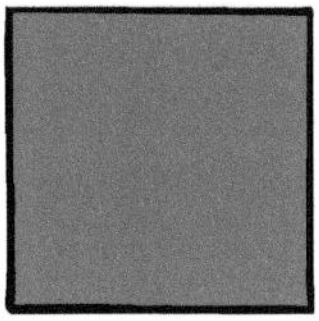

מרובע

正方形

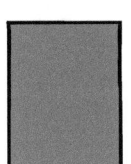

מלבן

長方形

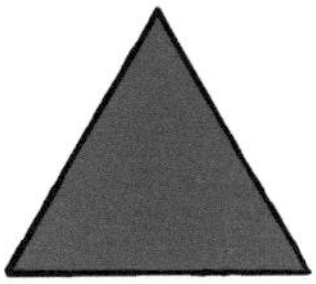

משולש

三角

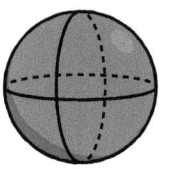

כדור

球

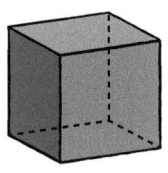

קובייה

立方体

צבעים

色

לבן

白

צהוב

黄

כתום

オレンジ

ורוד

ピンク

אדום

赤

סגול

紫

כחול

青

ירוק

緑

חום

茶

אפור

灰色

שחור

黒

הפכים
反対

יפה / מכוער

美しい / 醜い

כועס / רגוע

怒っている /
落ち着いている

הרבה / מעט

多い / 少ない

בהיר / כהה

明るい / 暗い

גדול / קטן

大きい / 小さい

התחלה / סוף

初め / 終わり

שלם / חלקי

完全な / 不完全な

נקי / מלוכלך

清潔な / 汚い

אח / אחות

兄弟 / 姉妹

רחב / צר

幅広い / 狭い

מת / חי

死んだ / 生きている

יום /לילה

日中 / 夜

אכיל / לא אכיל

食べられる　/
食べられない

רשע / טוב לב

悪意のある　/　親切な

מתרגש / משועמם

興奮している　/
退屈している

שמן / רזה

太った　/　痩せた

ראשון / אחרון

最初に　/　最後に

חבר / אויב

友人　/　敵

מלא / ריק

いっぱいの　/　空の

קשה / רך

硬い　/　柔らかい

כבד / קל

重い　/　軽い

רעב / צמא

空腹　/　喉の渇き

חולה / בריא

病気の　/　健康な

בלתי-חוקי / חוקי

違法な　/　合法な

נבון / טיפש

賢い　/　愚かな

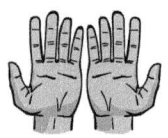

שמאל / ימין

左に　/　右に

קרוב / רחוק

近い　/　遠い

חדש / משומש

新しい / 中古の

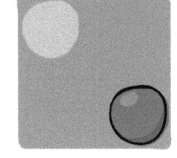

כלום / משהו

何もない / 何かある

זקן / צעיר

老いた / 若い

פעיל / כבוי

オン / オフ

פתוח / סגור

開いている /
閉まっている

שקט / רועש

静かな / うるさい

עשיר / עני

裕福な / 貧乏な

נכון / שגוי

正しい / 間違っている

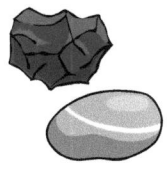

מחוספס / חלק

粗い / なめらか

עצוב / שמח

悲しい / 幸せな

קצר / ארוך

短い / 長い

איטי / מהיר

ゆっくり / 速い

רטוב / יבש

濡れた / 乾いた

חם / קר

温かい / 冷たい

מלחמה / שלום

戦争 / 平和

מספרים

数

0	אפס	ゼロ
1	אחת	1
2	שתיים	2
3	שלוש	3
4	ארבע	4
5	חמש	5
6	שש	6
7	שבע	7
8	שמונה	8
9	תשע	9
10	עשר	10
11	אחת-עשרה	11

12

שתים-עשרה
12

13

שלוש-עשרה
13

14

ארבע-עשרה
14

15

חמש-עשרה
15

16

שש-עשרה
16

17

שבע-עשרה
17

18

שמונה-עשרה
18

19

תשע-עשרה
19

20

עשרים
20

100

מאה
100

1.000

אלף
1000

1.000.000

מיליון
100万

שפות
言語

סינית מנדרינית

中国標準語

אנגלית אמריקאית

アメリカ英語

אנגלית

英語

צרפתית

フランス語

ספרדית

スペイン語

הודית

ヒンディー語

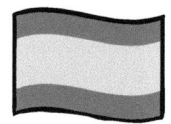

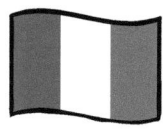

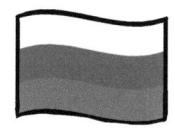

פורטוגזית

ポルトガル語

רוסית

ロシア語

ערבית

アラビア語

יפנית

日本語

גרמנית

ドイツ語

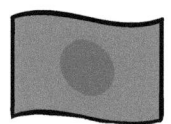

בנגלית

ベンガル語

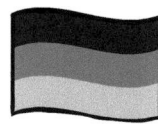

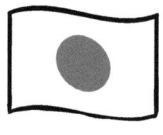

מי / מה / איך
誰 / 何 / どう

אני
私

אתה / את
あなた

הוא / היא / זה
彼 / 彼女 / それ

אנחנו
私たち

אתם
あなたたち

הם
彼ら

מי?
誰？

מה?
何？

איך?
どうやって？

איפה?
どこ？

מתי?
いつ？

שם
名前

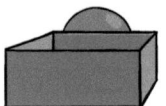

איפה
どこ

לפני

前

בתוך

中

מאחור

後ろ

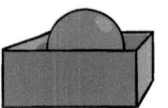

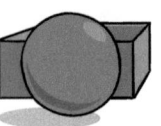

מתחת

下

על

上

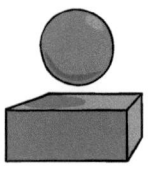

מעל

上

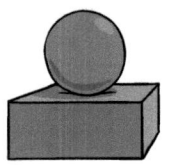

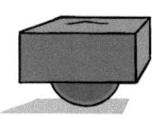

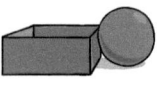

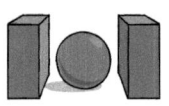

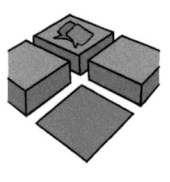

מקום

場所

בין

間

ליד

横